영어샘에게 배우는 현실 경제 이야기

25년 교단에서 영어선생님이 깨달은 12가지 경제 이야기

25년차 고등학교 영어교사. 커피와 책과 부동산을 사랑하는 사람.
이대부초/ 금란여중(현 이화금란중)/ 명덕외고/ 성대 어문학부/ 연대 영어교육

네이버에 미걱금을 검색하자.『미리걱정금지』
네이버 블로그를 2022년 아들이 초등학교 2학년이 되던 해 2번째 휴직을 하면서 본격적으로 시작했다. 현재는 1일 1book을 루틴으로 매일 올리고 있다.
꾸준함을 무기로 나아가고 있다. 부동산 컨설팅, 자녀 컨설팅 신청하세요^^

영어샘에게 배우는 현실 경제 이야기
25년 교단에서 영어선생님이 깨달은 12가지 경제 이야기

2025년 12월 1일 초판 인쇄
2025년 12월 5일 초판 발행
지은이 미걱금
펴낸이 미걱금
편집 및 디자인 뭇별
펴낸곳 물 위의 떡
전화 팩스 이메일 jky513@gmail.com
ⓒ2025 미걱금 https://m.blog.naver.com/prettyhojiny

이 책의 저작권은 저자에게 있으며 무단 전재나 복제는 법으로 금지되어 있습니다.
정가는 뒤표지에 있습니다. 잘못된 책은 구입하신 곳에서 교환해드립니다.
이 도서의 국립중앙도서관 출판시도서목록(CIP)는 e-CIP홈페이지(www.nl.go.kr/ecip)와
국가자료공동시스템(www.ni.go.kr/kolisnet)에서 이용하실 수 있습니다.

ISBN 979-11-958152-3-4

#영어샘에게 배우는
#현실 경제 이야기

25년 교단에서 영어선생님이 깨달은
12가지 경제 이야기 글 미걱금

물 위의 떡
Eccl. 11:1

차례

PART 1

8	1. 왜 직장을 계속 다녀야 할까?
14	2. 왜 부자가 되어야 할까?
18	3. 왜 꿈과 목표를 분명히 해야할까?
22	4. 왜 독서를 해야 할까?
27	5. 왜 시간을 아껴야 할까?
30	6. 왜 전공을 잘 선택해야 될까?
33	7. 왜 공부와 부는 관계가 있을까?
40	8. 왜 학교 공부를 열심히 해야 하는가?
43	9. 왜 성격에 맞는 일을 해야할까?
46	10. 왜 하기 싫은 일을 해야할까?
50	11. 왜 변해야 할까?
54	12. 왜 투자를 해야하는가?

PART 2

62   빛나는 20살이 되는 가슴으로 낳은 딸들에게

(나의 소중한 제자들)

PART 1

1. 왜 직장을 계속 다녀야 할까?

It's not the hours you put in your work that counts, it's the work you put in the hours.

(중요한 것은 당신이 일에 쏟은 시간이 아니라 당신이 당신의 시간을 쏟아 붓는 그 일, 자체입니다.)

미국 프로야구 선수였으며, 스포츠심리학 박사이기도 했던 샘 유잉이 말했던 직업에 관한 명언이다. 시간과 일의 상관관계를 짧은 한 문장으로 표현했다. 이렇게 삶의 지혜가 담긴 의미를 딱 한 문장으로 담아낸 영어를 볼 때마다, 나는 영어 선생님이라는 직업을 선택한 것은 탁월한 선택이었다고 여긴다. 영어의 표현에서 삶의 지혜를 배우는 행복감을 맛본다. 어떤 일이든 대부분 직장의 입사는 아름답다. 하지만 직장의 퇴사까지 아름다운 것은 아니다.

사람들이 일을 하기 위해 다니는 곳이 직장이다. 어떤 사람이 직장에 취직했다는 것은 직업을 가진 것이다. 개인의 관점에서 직업은 다양한 의미가 있다. 영어에서는 직업의 의미로 세가지로 구별한다. 영어로는 Job, Career, mission 로 의미의 차이가 있다. 굳이 우리말로 번역하자면 job은 돈만 버는 직업을 의미하고, career은 돈을 벌면서 경력을 쌓아가는 직업이고, mission은 돈도 벌고 경력도 쌓고 여기에 삶의 의미를 깨달을 수 있는 직업이다. 나는 영어선생님이 최소한 mission이라고 여기면서 25년을 교단에 섰다.

최근 몇 년 사이에 직장의 의미가 변하기 시작했다. 매일 아침 눈뜨기 힘들고 월요병이 심해지기도 한다. 물론 그런 마음이 스미지 않도록 고쳐먹는다. 사람은 돈만 있다고 남은 시간을 재미나게 보낼 수 있는 건 아니니까. 물론 그만두고 싶은 마음이 들 수도 있다. 뒤집어 보면, 이런 마음은 이제 좀 살만하다는 반증일 수도 있다. 아침마다 새로운 주문을 외운다. 직장 다니면서도 충분히 삶과 일의 균형을 가질 수 있다. 직장은 우리에게 월급 이상의 것들, 경력과 삶의 의미를 제공하고 있다는 사실을 절대 잊지 말자. 그렇게 마음을 달래고 있다.

주변에서 퇴직 이후 생활을 보면 비슷비슷하다. 여행 다니고 쇼핑하고 친구 만나고 등등 여유로운 생활을 하는데, 그 생활도 1,2년이면 그런 생활에 젖어 들어 만족감이 지속되지 못한다. 나는 이미 그런 생활을 너무도 잘 알고 있다. 그래서 그럴 때마다 스스로 마음을 다독인다. 나에게는 마음을 다독이는 10가지의 생각이 있다. 이 10가지의 생각은 퇴직 후의 삶을 좀 더 깊이 생각해볼 수 있게 하는 나만의 삶의 무게를 재는 저울추이다.

직장을 다니는 것이 좋은 10가지 이유라고 부를 수도 있다.

첫째는 지역 건강 보험료로 낼 것이냐, 직장 건강 보험료로 낼 것이냐의 차이는 무엇인지 따져 본다. 자산의 사이즈가 커질수록 직장 건강 보험료가 소중하다.

둘째는 신용 대출 가능 금액이 엄청 차이 난다. 만약에 내가 직장이 없으면, 은행에서는 마이너스 통장도 만들어주지 않을 것이다. 나의 사회적 신뢰도는 나의 직장에서 나온다.

셋째는 직장에 다니면 보험 혜택이 따라온다. 실비 보험도 자동으로 따라온다.

넷째는 지출측면에서 바쁘니까 돈 쓸 시간이 없어서, 자동으로 절약할 수가 있다.

다섯째는 주변에서 직업이 뭐냐고 물어볼 때 이렇다저렇다 구차한 설명을 할 필요가 없다.

여섯째는 불타는 금요일을 보낼 수 있다. 죽도록 출근하기 싫은 월요일이 있지만, 불타는 금요일은 더 달콤한 것 같다.

일곱째는 매일 같이 점심 밥을 같이 먹을 사람이 있다. 밥을 같이 먹는다는 것은 한 식구를 말한다. 점심밥을 같이 먹는 식구가 직장에는 있다.

여덟 째는 정해진 시간에 일어나고, 출근하고, 교단에 서는 하루가 규칙적인 생활이 가능하다.

아홉 째는 굳이 오늘 뭐 하지 고민할 필요가 없다.

열 째는 월급으로 돈의 힘을 가질 수 있다. money power 돈의 힘으로 작은 행복이던 작은 사치를 즐길 수 있다.

(소확행, 스몰럭셔리)

왜 직장에 다녀야 할까? 그 대답은 이 10가지의 이유에서 찾을 수 있다. 어쩌면 일 할 때가 쉬는 때이고, 내가 하고 영어 선생님이라는 이 직업에서 행복을 찾지 못하고 퇴직을 한다면, 퇴직 후의 삶에서도 행복을 찾지 못할 가능성이 높다.

그래, 어쩌면 내 인생에서 중요한 것은 일에 쏟은 시간이 아니라, 시간을 쏟아 부은, 그 일 자체일 수 있다고 생각한다.

2. 왜 부자가 되어야 할까?

어릴 때부터 수영을 좋아했던 나는 중이염이 만성으로 넘어갈 때까지 몰랐다. 중학생이 되어서야 심각성을 느끼고 수술을 4번 정도 했으나 왼쪽 청력을 정상인만큼 회복하지 못했다. 일상생활에 불편함은 없었기에 오른쪽 청력에 의지해서 살아왔다. 물론 친구들이 뒤에서 불러도 왜 이렇게 못 알아 듣느냐와 되묻는 것은 일상이었다. 자기 말을 일부러 씹는 줄 알 때는 너무나 미안했지만 일일이 설명하기도 참 힘들긴 했다. 정기검진차 대학병원에 방문하면 보청기를 권하기도 했지만 그 가격은 정말 넘사벽이었다. 불편

함을 많이 느끼지는 않았기에 참고 살다가 코로나가 터졌다. 가뜩이나 말하는 사람의 입술에 집중하고 열심히 듣는 나에게 마스크를 통해 들리는 소리는 너무나 작게 느껴졌다. 스타벅스에 가면 왜 이리 물어보는 것이 많은지 계속 못 알아듣는 내가 한없이 초라하게 느껴졌다. 그런 나에게 사이렌 오더나 무인 포스기들은 어찌나 반가운지 모른다. 처음 집을 팔고 목돈이 생긴 날 병원 예약부터 했다. 그리고 최신형 보청기를 거금 400만원을 주고 신세계를 경험했다.

    사람의 목소리를 구분해서 그 목소리만 전달했기에 작은 소리도 잘 들을 수가 있었다. 걸을 때도 항상 사람 왼쪽에서 걸으려고 노력했던 지난날들이 주마등처럼 스쳐갔다. 그렇지만 보청기의 수명이 5년이라는 말이 참 아프게 느껴졌다. 돈이 있어야 들을 수 있는 크기가 다르다는 사실.

비쌀수록 더 잘 들리는 보청기는 두말할 필요가 없다.

요즘 안경을 끼고 있는 사람을 보기가 드물다. 눈이 좋아져서가 아니라 라식을 안 한 사람을 찾아보기가 힘들기 때문이다. 70세가 넘으면 인공관절 수술을 해야 보행에 지장이 없다. 보고 듣는 거, 심지어 걷는 것도 돈이 많고 적음에 따라 등급이 매겨지는 안타깝지만 현실인 세상이다.

그렇기에 돈 공부를 열심히 하고 있다. 돈돈거리지 않기 위해서 나 자신을 지키기 위해서 하는 진짜 인생공부를 하고 있다. 아이에게도 꿈을 꾸고 하고 싶은 선택지를 많이 만들어 주기 위해서는 부자 엄마 아빠로 거듭나야 한다.

내가 금수저를 물고 태어나지 않았다면 자식을 금수저로 만들어주는 길로 나아가는 선택을 하자. 자본주의 삶은 질이 제각각이다.

에어팟, 아이패드, 에어팟맥스, 로보락, 건조기, 식기세

척기, 인덕션, 토뉴 쓰레기통(쓰레기봉지를 자동으로 적재해주고 심지어 묶어주는 기능까지), 워치(교통카드 기능은 대박), 루메나 선풍기…… 신세계를 선물해 주면서 돈 많이 벌고싶다는 의욕을 가져다주는 선순환이 된다.

3. 왜 꿈과 목표를 분명히 해야할까?

엘리시움이라는 영화를 들어본적 있니? 2013년에 개봉한 영화란다. 유튜브로 20분 요약본을 보길 추천한다. 하나의 인류, 두 개의 세상 서기 2154년 버려진 지구에 사는 사람들은 가난, 전쟁, 질병이 없는 선택받은 1% 세상 엘리시움으로의 이주를 꿈꾼다. 자신의 생존과 모두의 미래를 위해 우주에서 가장 경비가 삼엄한 엘리시움으로 향하는 맥스. 최후의 시간 5일, 모든 것이 그에게 달렸다! 올 여름, 물러설 수 없는 생존 전쟁이 시작된다!

그 당시에 영화를 보고 남편에게 우리는 언제 엘리시움

에 사냐고 물어본 적이 있다. 아마 그때부터 엘리시움을 마음에 새겼던 거 같다. 강하게 상상하면 이루어지듯이 한 발 한 발 내디딘 순간이다. 투자는 "기술이 아니라 기질입니다" 이 말이 정말 맞는 거 같다.

아무리 좋은 주식, 부동산을 추천해 주어도 걱정에 휩싸여 행동력이 따라주지 못한다면 좋은 결과를 불러올 수가 없다는 것을 잘 알 것이다. 멘탈 관리가 정말 중요한 포인트인데 이 멘탈이라는 것은 기질일 수도 있고 후천적으로 만들어 가려고 해야 한다. 무조건 성실하게 열정 페이를 쏟는 것이 아닌 간절함의 정도나 방향성을 가지고 나아가는 것이 필수이다. 옆에 멘토가 있다면 더할 나위 없이 베스트이겠지만 그럴 수 없다면 책이 가성비의 끝판왕이라고 할 수 있다.

정년퇴직을 몇 년 앞둔 사람들은 지금 공부해서 뭐하겠

냐 혹은 투자가 잘 못되기라도 할까 봐 지금 그대로의 삶에 만족하며 살아간다. 그런데 여기서 중요한 문제는 부모가 경제 지식을 가지고 있지 못한다면 그것이 자식의 삶에 그대로 영향을 주며 내려간다고 한다. 보통 딸이라면 친정 근처에 자리를 잡게 될 것이고 아들도 그 구역을 넘어서지 못할 것이다. 내가 자리를 잘 잡아주는 것은 3대가 편안하게 살 수 있는 길임을 명심해야 한다.

3년만 미쳐라. 살아가면서 한번쯤은 미쳤다는 소리를 들어보는 것.

글자 중독으로 살아온 시간들. (수불석권-손에서 책을 놓지 않는다) 만원이 아까워서 하나밖에 없는 아들 옷은 내복까지 얻어 입힌 것. 식당에 갈때 공기밥 천원이 아까워서 보온통에 넣어다닌것. 아마 그 시간들이 있었기에 단단해지고 강해질 수 있지 않았을까… 책으로 부족해서 코엑스 박람회를 내

집 드나들 듯이 가서 듣고 곱씹었다. 지금 다시 하라고 하면 못할 것 같다. 재수를 하는 사람들은 아쉬움이 남기 때문에 다시 하면 더 잘할 수 있기 때문이라고 한다. 에너지를 남겨놓았기 때문이 아닐까 싶다. 마지막 에너지까지 쏟아 부어서 노력한 사람은 후회가 없다. 정말 그것이 자신이 할 수 있는 최선이기 때문이다. 낭떠러지에서 떨어지는 심정으로 뛰어내리고 거기서 날개를 발견하는 사람만이 다음 단계를 갈 수 있지 않을까?

이제 꿈을 이루었기에 여기서 멈춘다면 살아갈 동력을 잃어버릴 거 같다. 다음 목표를 계획하고 최종 목적지로 갈 때까지 도약하기 위해 계속해서 전진하는 것이 좋을 듯 하다.

4. 왜 독서를 해야 할까?

독서는 부자가 되는 데에 있어서 매우 중요한 역할을 한다.

첫째로, 독서는 지식과 정보의 원천이다. 부자가 되기 위해서는 다양한 분야에 대한 이해와 지식이 필수적이다. 독서를 통해 경제, 비즈니스, 투자, 창업 등의 분야에 대한 전문 지식을 습득할 수 있다. 부자들은 자신의 분야에 대해 깊이 있는 이해를 가지고 있으며, 이를 통해 경제 동향을 파악하고 성공적인 투자와 비즈니스 결정을 내릴 수 있다.

둘째로, 독서는 창의적 사고와 문제 해결력을 향상시킨다. 부자들은 혁신적인 아이디어를 내고 문제를 해결하는 능력이 뛰어나다. 독서를 통해 다양한 저자들의 아이디어와 사고 방식을 접할 수 있고, 다양한 관점을 이해하는 능력을 키울 수 있다. 이러한 경험을 바탕으로 창의적인 아이디어를 생각해내고 혁신적인 비즈니스 모델을 구축할 수 있다.

셋째로, 독서는 자기계발과 성장을 도모한다. 부자들은 지속적인 자기계발에 주력한다. 그들은 독서를 통해 자기계발 서적을 접하고 인생의 가치, 목표 설정, 리더십, 커뮤니케이션 등 다양한 면에서 스스로를 발전시킨다. 독서는 새로운 아이디어와 관점을 제공하며, 부자가 되기 위해 필요한 리더십, 창의성, 통찰력 등을 향상시킨다.

여전히 해답은 책 속에 있다.

인터넷 검색, 유튜브가 책보다 훨씬 편리하다. 그러나 책의 가장 중요한 기능은 지식을 전달하는 게 아니다. 책은 사람의 사고에 영향을 미친다. 계속해서 책을 읽으면 책은 사람의 생각 패턴에 영향을 미친다.

　유튜브로 주식을 공부를 한 사람이 책으로 공부한 사람과 경쟁한다면 책으로 공부한 사람이 높은 점수를 받는다. 투자의 세계에서 높은 점수는 수익이고 낮은 점수는 손실이다. 우리가 명심해야 하는 사실이다. 책이 정보가 늦은 것은 맞지만 정보만 가지고는 수익으로 연결되기는 힘들다. 마지막 선택은 내가 하는 것이다.

　키워드 독서 – 원하는 키워드 관련 책을 닥치는대로 읽는다. 돈, 머니, 재테크, 부자, 부동산 키워드 책은 다 읽은 듯하다.

　꼬리를 무는 독서 – 한권의 책을 쓰기 위해서는 적어도 100권의 책을 읽어야한다. 책을 읽다 그 책속의 책을 찾아 읽는다.

독서가 취미가 되면서 가장 좋은 것은 마음이 충만해지면서 소비욕구가 약간(?) 줄었다. 소비란 것은 뭔가 채워지지 않기 때문에 욕구 불만으로 벌어지는 것이니까.

명품을 휘두르기전 내가 명품이 되고 명품 옷을 입기 전 운동으로 다져진 몸매는 청바지에 흰티만으로 뽐어져

나오는 아우라를 가지게 될 것이다.

    10년이란 시간은 진짜 짧다. 그 시간을 버티는 거, 기다리는 거 그것만 잘하면 된다. 많은 투자를 할 필요없고 돈이 흐르는 길목에서 시간의 레버리지를 쏘면 된다.
지금 꿈꾸지 않는 자, 모두 유죄!!

껄무새가 되지말고 오늘부터 아니 지금부터 고고~~

5. 왜 시간을 아껴야 할까?

시간과 노력없이 얻는 것은 아무것도 없다. 시간은 누구한테나 동등하게 주어진다. 그 시간을 어떻게 활용하는지에 따라 당신이 갖게 되는 결과가 달라진다.

현재의 삶이 암흑스럽고 절망적이라면 분노하고 생각하고 오뚜기처럼 넘어져도 계속해서 일어나야 한다. 이미 지나간 일에 오랫동안 묶여있지 말고 시간을 허비하지 않고 다음 기회를 노리며 다시 한번 극복하여 일어나야 하고 주위사람들이 논다고 놀지 말고 그들이 잠잘 때 잠자는 시간을 아끼고 놀자고 말을 걸 때 단호하게 끊어 낼 수 있어야

한다. 시간을 낭비하지 않고 소중히 여기는 자가 성공할 수밖에 없다. 그렇게 하면 성공하는 사람이 된다.

시간을 규칙적이고 계획적으로 사용한다면 그땐 비로소 시간의 주인이 된다.

시간을 낭비하는 것 중 하나는 미루는 것이라고 생각하는데 미루는 습관을 없애는 가장 확실한 방법은 미루는 일을 무조건 바로 시행하고 미루는 과정에서 자기가 느끼는 것들을 기록하는 것이다.

마감시한의 법칙을 활용해서 데드라인을 정해두면 효과적이다. 책을 도서관에서 빌려보면 반납과 연체의 압박으로 그 시간 안에 다 읽게 된다. 루틴을 만드는 것과 함께 하는 사람을 만들어 단톡방에 매일 인증샷을 올리는 것도 나의 의지를 높이게 한다.

시간을 지배할 줄 아는 사람은 인생을 지배할 줄 아는

사람이다. 따라서 인생을 지배하는 사람이 되기 위해서는 시간을 낭비하지 않고 아껴 쓰는 것이 가장 중요하다. 시간을 허비하고 해야 할 일을 잘 미루는 사람들에게는 미루지 않는 방법과 자기 효능감을 높이는 방법이 자세히 나와있는 '미루는 습관 버리기'라는 책을 추천한다.

- 앞글자의 마법 (acronym)
- 서연고 서성한이 중경외시 건동홍숙 국숭세단 광명상가 인가경
- 강남 4구 마용성 금관구 노도강
- 엘리트레파레 올림픽3대장 우선미 진미크
- 재건축은 조사관을 잊지말자 조합설립 사업시행인가 관리처분

6. 왜 전공을 잘 선택해야 될까?

#세븐#전인구#전인구경제연구소#차이정원

- 내 스타일의 책으로 강추입니다 형광펜 칠하고 싶은 혜안이 가득 ^^
- 간절함이 없다면 그냥 평범하게 살아라 세상에 공짜는 없다.
- 인생은 공평하지 않다 다른 길×다른 속도=부의 추월

자신의 관심사와 적성, 성적까지 동시에 고려해야 되다 보니 고민이 이만저만이 아닐 것이다. 자신이 하고 싶은 일이 명확히 있고, 성적이 따라 준다면 상관없겠지만 현재 아무

계획도없고 무엇을 하고 싶은지 모르겠는 사람에게는 도움이 되는 글이길 바란다. 〈세이노의 가르침〉에 따르면 인기학과를 선택하면 전공에 대한 갈등을 일으키는 경우는 아주 드물다고 한다. 보통 기업에서는 어떤 면허증이 필요한 특정 전문직을 제외하고는 전공이 일을 수행하는데 큰 의미를 못 준다. 대학에서 배운 것과 회사에서 요구하는 것이 달라 자기 적성도 고려하되 '돈'과 간접적으로라도 연관된 전공을 선택해야 한다. 따라서 일류대를 갈 실력이 안된다면 돈버는 일과 관련된 전공을 선택해야 된다. 요즘 4차 산업혁명으로 공대를 희망하는 사람들이 많다. 물론 시대의 흐름을 고려해 이런 결정을 내린 경우가 많겠지만 하이테크, 쉽게 말해 현장보다 사무실이나 연구실에서 일하는 분야는 경쟁자가 너무 많고 투자비용도 많이 들어서 대기업의 부품화가 되기 쉽다. 세이노는 그의 경험상 공대출신자는 두 부류로 나뉜다고 했다. 하나는 원래 취미나 관심도 별로 없는 상태로 공대에 들어가 졸업 후 대기업에 들어가 회사에서 시키는 일을 하는 사람, 두번째는 호기심으로 공대에 들어가 시키지 않는 분야까지 알고 싶어서 구글링을 열심히 하고 현장에서 일하며 현장 지식을 익히려는 사람이다. 실시간으로 새로운 정보와 기술이 생겨나는 요즘, 스스로 파고들지 않으려고 하면 쉽게 뒤쳐지기 때문에 꾸준히 공부를 해야 된다. 따라서 적성과 잘 비교해 후회없는 선택을 하는 것이 중요하다.

7. 왜 공부와 부는 관계가 있을까?

사람들은 자주 이런 고민을 하곤 한다. '내가 지금 이렇게 공부해서 나중에 부자가 될 수 있을까?', '이런 교과목은 내가 나중에 하고 싶은 직업과 크게 관련이 없는데 굳이 열심히 공부해야 할까?' 라고. 물론 당장에 기술을 배우고 싶을 수도 있고, 경영학을 배워 사업을 굴리고 싶을 수도, 전업 주식투자자가 되고 싶어 재테크나 금융 공부를 하고 싶을 수도 있다. 또는 그냥 공부가 싫을 수도 있다. 이런 슬럼프는 특히 내가 한 노력에 비해 결과가 잘 나오지 않을 때 자주 찾아오곤 한다.

공부를 하는 이유는 '하기 싫은 일도 해낼 수 있는 능력을 갖기 위함' 이다. 물론 세상에는 배우는 일을 즐기는 사람도 있을 것이다. 하지만 그런 사람들 중에서도 '내가 흥미가 없는 일을 배우는 것'에서 재미를 찾는 사람은 몇 없을 것이다. 간단하게 말하자면, 이 세상에 학교 공부가 재미있어서 하는 사람들은 아주 소수이고 그렇다면 이렇게 하기 싫은 공부를 잘, 열심히 해내는 사람들은 공부를 '포기하는 사람들'과 무엇이 다를까? 그것이 바로 '하기 싫은 일을 해내는 능력'의 차이라고 생각한다. 지금 중·고등학교 학생들의 사회는 학교이고 공부란, 우리가 학교라는 사회에서 생활하면서 불가피하게 겪는 시련이라고 볼 수 있다. 이러한 시련은 성인이 되었을 때 다른 형태로, 어쩌면 더 크게 찾아올 것이다. 이렇게 다른 형태의 시련을 마주하였을 때, 학창시절 공부를 열심히 하고 자신의 목표를 성취

해본 사람과 공부를 포기하고 모든 것을 내려놓은 사람은 그 끈기와 자신감부터 차이를 보인다. 한마디로 지금 하는 공부는 나중을 위한 백신같은 존재다.

수학을 잘해야 대학을 잘 가서, 영어를 잘해서 유학을 가기 위해서가 아닌, 공부라는 일을 하기 싫은 마음을 꾹 참고 해내는 것이라는 말이다. 이렇게 어렸을 때부터 쌓아 올린 끈기의 탑은 큰 시련 앞에서도 그 사람을 지킬 힘이 생긴다.

투자의 고수가 되려면 복기는 필수다.

긍정적 롤 모델에 대해 말하고 상기하는 것만으로도 자동반사적으로 동기부여가 이루어진다.

작은 투자의 힘이 누적되어 비로소 부자가 된다.

부동산 공부를 해야 돈을 알고, 돈을 가져봐야 세상을 알 수 있다. 그렇게 세상을 관조하며 내려다보고 관찰할 수 있을 때 인간관계에 일어나는 괴로움도 미리 알아차리고 그 원인을 제거하고 피할 수 있다.

결국 인생 최고의 가치는 바로 자유이다.

돈과 인간관계에서 자유로운 인생, 냉정한 세상에서 거침없이 당당하게 살아가는 것, 누구에게 속박받지 않고 자유롭게 사는 것이 최고의 인생이다.

- 예시1) 신촌 세브란스 병원 의사 vs 강남 세브란스 병원 의사

단지 직장이 신촌이고 강남이었을 뿐이지만 직주근접에 의거해서 집을 골랐다면 지금은 격차가 넘사벽이 되었다.

자기는 열심히 산 죄밖에 없는데 집값을 보니 한숨이 나온다는 사람이 생겼다.

열심히 시간 노동자로 살아가는 우리같은 월급쟁이들은 열심히만 살면 안된다.

자본주의에서 살면서 부동산을 모른다는 것은 야구나 축구의 룰을 모르면서 열심히 뛰어서 남의 골대에 넣는 결과밖에 되지않는다는 사실을 기억하자.

정 안되면 투자와 주거를 분리한다는 개념을 장착해야 한다.

- 예시2) 친정이 자리를 잘 잡아주어야한다.

결혼하고 애가 생기면 방법이 없다. 우리부모님이 못해 주었다면 나라도 딸이 있으면 애낳기전에 자리를 잘 잡자. 친정이나 시댁근처로 이사갈 수 밖에 없는 현실이라면 여기서도 투자와 주거를 분리하자.

- 예시3) 영끌

지금은 대출이 막혀서 아무나 대출해 주지 않는다. 단

1금융권만 이용해야한다. 그리고 사소한 연체도 금물. 신용도는 생명과 같다.

일단 영끌해서 지르고 나면 밤에 잠이 오지 않는다. 이게 포인트이고 정답이다.

백문이불여일행!!

잠이 오지 않으므로 불안해서 여기저기 알아보고 책도 읽고 공부하게 되고 관심없던 경제신문도 귀에 쏙쏙 들어온다.

아무리 지식이 많아도 실행하지 않는자보다 일단 지르고 공부하는 자가 더 얻어가는 장이 지난 수년간 펼쳐져 있었다. 눈감고 아무곳이나 샀어도 올랐으니 억울해도 어쩔 수 없다. 실행도 실력이다. 공부를 열심히 하면 찍어도 맞고 안하면 풀어도 틀린다.

8. 왜 학교 공부를 열심히 해야 하는가?

부자가 되기 위해서는 학교 공부를 열심히 하는 것이 하나의 길일 수 있다. 학교에서의 교육은 지식과 기술을 습득하는 데 도움이 되며, 이는 경제적인 성공을 이루는 데에 도움을 줄 수 있다.

학교 공부를 열심히 하는 것은 다양한 이점들을 제공한다. 첫째, 학교에서 배우는 학문적인 지식은 직업적인 경쟁력을 강화시킬 수 있다. 우수한 학업 성적이나 전문적인 기술을 보유하면 취업 기회가 더 많이 열리고 더 좋은 급여와 혜택을 받을 수 있을 가능성이 높아진다.

둘째, 학교에서는 소통, 문제 해결 능력 등을 키울 수 있다. 이러한 능력들은 성공적인 사업가로 성장하거나 투자를 효과적으로 수행하는 등 부의 형성에 도움을 줄 수 있다.

그러나 부자가 되기 위해서는 학교 공부만으로 충분하지 않을 수도 있다. 부의 형성은 개인의 노력, 창의성, 기회의 발견 등 다양한 요소에 의존하기 때문이다. 예를 들어, 창업, 투자, 비즈니스 관리 등의 분야에서 경험과 실행력이 중요한 역할을 할 수 있다.

부자가 되는 길은 사람마다 다를 수 있으며, 학교 공부를 열심히 하는 것이 부의 형성에 도움이 되는 경우도 많지만, 그 외의 경로도 존재한다. 중요한 것은 자신의 열정과 노력을 통해 개인적인 목표를 실현하는 것이다.

그러면 학력이나 학벌이 빈약해도 부자가 될 수 있을까? 대부분의 사람들은 남녀노소 나이 상관없이 부자가 되고 싶어 한다.

〈세이노의 가르침〉에서 학벌이 좋은 사람이 무조건 더 성공한다고 할 수는 없지만 공부를 하지 않으면 아예 기회조차 없을 수도 없다고 말하고 있다. 이처럼 우리가 지금 부자에 가까워질 수 있는 가장 쉬운 방법은 일단은 공부를 열심히 하는 것이다. 그렇다면 학벌이 빈약하면 부자가 될 수 없을까? 만약 학벌이 빈약한 사람이 부자가 되려면 어떻게 해야 할까?

학벌이 중요시되는 집단은 멀리하고 스스로 홀로서기를 하는 게 가장 바람직하다 한다. 이처럼 학벌이 좋다고 무조건 성공하는 것도 아니고 학벌이 좋지않다고 부자가 될 수 없는 것도 아니다. 따라서 부자가 되고 싶다면 무조건 학벌에만 목매지 말고 자기계발 등 다른 요소들도 살펴봐야 할 필요성이 있다.

9. 왜 성격에 맞는 일을 해야할까?

우리는 살아가면서 직업을 정해야 하는데 많은 사람들은 자신이 잘하는 일을 해야하는지 좋아하는 일을 해야하는지 고민하며 살아간다. 두 가지 요소를 모두 고려하는 것이 이상적이지만, 현실적으로는 어느 한 쪽을 우선시해야 할 때 성격은 크게 내성적인 성격과 외향적인 성격으로 나뉜다. 어떤 일을 하고자 할 때 그것이 사람을 주로 상대해야 하는 일이라면 '자신의 성격이 외향적인가?'를 반드시 짚고 넘어가야 한다. 자신이 하고자 하는 일에 따라 내성적인 사람들이 성격을 외향적으로 바꾸는 방법도 있지만,

내성적인 성격을 도저히 바꾸지 못하겠다면 성격 자체는 어떤 일 혹은 어떤 환경속에 들어가 있느냐에 따라 문제가 되는 것이므로 되도록이면 자기 성격에 어울리지 않는 일은 피하는 것이 좋다.

학생부 기록물에는 숨겨진 비밀이 있다. <u>학생이 결과적으로 성적을 크게 올리는 데는 실패했을지 몰라도, 성적을 올리기 위해 부단한 노력과 도전을 해왔고, 선생님은 그런 모습을 놓치지 않고 학생부에 상세히 기록했다는 점이다.</u> 입사관은 선생님이 기록한 학생부를 통해 그 과정을 읽어낸 것이다. 성적이 보통보다 못한데도 그 학생을 선발했다는 것은 대학이 그만큼 학생의 가능성에 기대를 걸고 있다는 뜻이다. 그 기대의 근거가 바로 학생부 이곳저곳에 숨어있는 학생의 노력과 도전정신임은 두 말 할 필요가 없다.

과학적으로 손으로 적는 행위는 연상적 사고를 강화시

켜 정보에 관여하는 방식을 향상시킨다. 그 덕분에 우리는 새로운 연결성을 형성하여 독특한 솔루션과 통찰력을 도출할 수 있다. #불렛저널

손은 밖으로 나온 뇌다 #괴테

10. 왜 하기 싫은 일을 해야할까?

하기 싫은 일을 해야 몸값이 오르기 때문이다. 내가 하는 일에 양적인 변화도 없고 질적인 변화도 없다면 무슨 근거로 수입이 올라가야 한다고 생각하는가?

　회사에서 최소한의 생활은 보장하여야 되지 않느냐고? 회사는 자선단체가 아니다. 라고 세이노라는 1천억원 이상의 자산가는 말했다. 우리는 보통 위와 같이 생각할 것이다. 회사가 이득을 많이 내면 봉급을 많이 받아야 한다고. 우리는 우리가 직접 만들어내는 부가가치를 키울 생각을 하지 않는다. 몸값의 핵심은 무슨 일을 어느 정도로 할 수 있는가 이다. 세이노는 말한다, 자신이 부자도 아니고 몸값도 높지 않다면, 부동산이나 주식에 투자하는 게 우선이 아닌 스스로에게 투자하는 것이 우선이라고. 세이노가 하는 말이 우리의 편협한 생각을 꼬집는다 라는 생각이 든다. 대가를 먼저 주면 변화하겠다는 태도 말고, 스스로 먼저 나서서 변화해야 주는 대가가 더 많아진다는 말을 세이노는 전하고 싶었던 것이다. 싫어하는 것을 더 열심히 하는 것이 노력이라는 말에 다들 깨우치는 게 있어야 한다고 생각한다. 쉬운길을 찾고 덜 고생하고 덜 노력하는 방법으로는 절대 열정이 넘치고 자본이 넘치는 사람이 될 수 없을 것이다.

　우리는 하기 싫은 일도 해야 돈을 벌 수 있다. 학생들은 공부를, 어른들은 일하기를 귀찮아서 하기 싫어한다. 귀찮거나 하기 싫어도 우리는 공부를 하고 일도 한다. 하기 싫은 일(학생은 공부가 될 것이고, 사회초년생 또는 직장인들이 일 하는 것)은 왜 하나요? 에 대한 질문에 대부분은 "돈 많이 벌려고", "좋은 대학을 나와 취업해서 돈 많이 벌려고", "돈 벌어서 사고 싶은 거 사려고" 이렇게 대답한다. 이 말은 돈과 관련 짓거나 특정한 목표를 가지고 그 목표를 이루기 위함 또는 그 일을 하게 됨으로써 얻는 무언가 때문에 하기 싫은 것도 하게 된다는 내용이다. 결국 돈을 벌 수 있다면 하기 싫은 일도 하기 마련이다.

    알버트 그레이는 하기 싫은 일을 해낼 때 성공이 따라온다. 실패는 하고 싶지 않은 일을 하지 않을 때 일어난다. 하지만 성공한 사람들은 습관적으로 하기 싫은 일을 해낸다고 말했다. 마음 가는 대로 따라가면 당장은 편하지만, 실패 가능성이 높다. 내가 하기 싫은 일은 남들도 하기 싫은 건 마찬가지다. 누구나 하기 싫어하는 일을 목적 의식과 사명감을 가지고 꾸준히 해 나갈 때 성공은 자연스럽게 따라온다. 이렇게 따라온 성공은 나중에 돈이 되어서 우리의 목표를 이룰 수 있게 된다. 돈을 벌기 위해서는 성공을 해야 하고 그에 따라 공부와 같은 노력들이 필요하다. 이같은 노력을 위해서 우선 공부나 일을 하려는 의지가 필요하다. 의지가 우리의 첫 시작이다.

11. 왜 변해야 할까?

 우리는 인생을 살아가면서 계속 변해간다. 당연한 말이라고 생각할지도 모르지만, 변해간다는 것의 뜻은 슬플 수도, 모순적일 수도 또는 발전의 의미일 수있다. 사람들은 때로는 변화가 없길 바란다. 좋았던 일이 다 지나가고서야 그때를 그리워한다. 내가 좋아했던 인형은 왜 시간이 지날수록 때가 묻고 너덜너덜해지는지, 내가 그리워하는 친구와의 추억들은 뚜렷하게 기억이 나질 않는지, 내가 사랑하는 사람들 몇몇은 날 떠나가고 결국엔 나 혼자 남는건지.
 하지만 앞에 변화가 발전의 의미가 있다는 것과 같이,

만약 시간이 지나도 나와 내 주변에 있는 모든 것이 변하지 않고 그대로라면 그것이 더 의미없을 지도 모른다. 본인이 느끼기에 자신이 오랜기간 변화가 없고 그대로인 것 같다고 느낀다면 스스로 그동안 한 일이 있는지 생각해보길 바란다. 명언 중 "멈춰 있는 것이 아니라 천천히 나아지고 있는 중이다." 이런식의 말은 자기합리화밖에 되지 않는다. 물론 그렇게 생각함으로써 자신이 무언가를 할 수 있는 동기를 얻게 된다면 그렇게 생각해도 좋다. 또한 최선을 다하지 않고 '이번에는 내가 열심히 하지 않아서 결과가 잘 안 나온거야' 라고 생각하는 것 또한 마찬가지이다. 그것이 진짜 실력임에도 불구하고 회피하며 내가 하지 않은 것 이라고믿는 것 밖에 되지 않는다. 결국 이런식으로 생각하고 다음 닥쳐올 과제와 시험을 준비한다면 그 결과는 나아지지 않는다.

그렇다면 왜 우리는 변해야하고 변하지 못하는 것일까? 사회는 변화한다.

그에 따라 나도 변해야 하는 것이다. 언제까지나 그대로 일 수는 없고 시간은 계속 흘러간다. 지나간 시간에 나 혼자 머물러 있다면 나는 낙오될 것이다. 우리는 왜 변화를 한눈에 알지 못하는 것일까? 쉽게 좋은 결과를 얻게 된다면 그 결과는 쉽게 사라진다는 걸 우리는 잘 알고 있다. 변화는 건물을 짓는 것과 같이 뼈대를 세우고 자재 하나하나를 쌓아올려 차근차근 만들어야 한다. 처음에는 오래 걸리겠지만 좋은 결과를 얻을 수 있고 한번 성공한 경험을 바탕으로 기술이 생겨 다음 건물을 지을 때에는 처음보다 더 적은 시간이 걸릴 것이다. 하지만 해보지도 않은 기술을 눈으로만 보고 터득하는 천재와 건물을 짓는 모든 환경과 조건이 나보다 우수한 부자같이 내 앞길을 달리는 사람과 나를 비교하지는 말자. 지금의 내가 과거의 나보다 나은 사람이면 되는 것이다.

12. 왜 투자를 해야하는가?

잘나가던 연예인 황현희는 2004년 데뷔 2014년 퇴출되었다. 그동안은 밥을 돈내고 먹어본적이 없었다. 그러다 왜 안나오냐고 묻는 질문들에 은둔형 외톨이가 되었다. 물론 현재는 투자로 다시 전성기로 사는 듯하다.

   기계공학자에서 전기공학자로 현대자동차임원진이 교체되었다. 시장의 변화를 개인이 바꾸고 거스를 수가 없다.

   적절한 수익 구조를 반드시 만들어 내야한다.

   따박따박 안정된 직장 따박따박 월급받는 것은 그때는 맞고 지금은 아니다.

서울대가려고 12년 쓰면서 100억 벌려고 얼마의 시간을 쓰는가?

서울대 들어가는 것과 부자되는 것 어떤게 어렵냐고 물어본다면 다들 서울대 가는 것이라고 한다. 그렇지만 서울대는 4천명 인원이 정해져 있고 들어갈 수 있는 규칙이 엄격하다. 부자가 되는 것은 기한이 정해져 있지도 방법도 무궁무진하다. 단군이래 가장 돈벌기 쉬운 세상이라는 말도 있다. 물론 쉽게 이루어 지는 것은 아무것도 없다.

지금은 조급함이 없으므로 경제 공부하기 좋은 시기이다.

남의 환호성에 올라타지마라. 내가 준비되어 있지 않으면 누구도 만날 수 없다.

지금 내가 하는 선택은 그동안 쌓은 내 경험과 내공의 결과이다. 우리는 그 이상의 것을 선택할 수 없다. 내 실력만큼 선택할 수 있다는 얘기다.

심리학에서는 '크랩 멘탈리티'라는 말이 있다고 한다. 양동이에 잡힌 게들이 동료가 탈출하지 못하게 서로를 잡아당기는 모습에서 비롯된 용어로, 사람들 역시 비슷한 누군가가 갑자기 치고 올라가려고 하면 온갖 말로 그런 도전을 좌절시키려고 한다는 것이다.

더 늦기전에 자본주의를 제대로 알면 좋겠다.

자본주의를 모른다는 것은 축구를 하면서 규칙을 모르는 것과 같다.

- 관계의 자유 건강의 자유 시간의 자유
- 인생에 돈이 전부는 아니지만 자유로울 수 있다는 것
- 돈만 밝히는 사람이 아니라 돈에 밝은 사람이 되는 것
- 자본소득이 근로소득을 넘어 근로가 선택이 되는 상태
- 동기부여 시스템 선순환

helper's high라는 말은 다른 사람을 돕는 이타적 행위가 삶

의 만족감을 높여 정신과 몸 건강에 상당한 이로움을 준다는 정신의학 용어이다.

경제적 자유를 꿈꾼다는 말은 일반적인 삶과는 다른 삶 베타가 아닌 알파를 꿈꾸는 것이다. 근로자의 자는 사람자를 사용하는데 자본가의 가는 집가를 사용한다. 근로자로서의 삶은 개인을 바꾸는데 그칠 수 있지만 자본가로서의 삶은 가족과 가문을 바꿀 수 있다는 뜻이지 않을까?

그동안 스치듯 읽고 지나갔던 시간들을 기록하며 기억해야 한다. 너무 쉽게 잊게 되므로 거인의 노트라는 책도 추천한다.

    1. 빚은 죽어서 갚는 것이다
    2. 전세금은 나의 지렛대이다

이 두가지만 깨달아도 부의 스노우볼은 커진다. 자본주의의 힘은 레버리지(대출)의 마법이다.

투자로 자산을 이룬 이후의 직장 생활은 여유로워지고 관대해진다. 먹고사니즘에서 벗어나 자아 실현을 위해 취미로 직장에 다니는 일은 자유를 선물한다.

금전적 여유가 사람에게 줄 수 있는 최고의 만족은 실패해도 된다는 안정감과 자신에 대한 관대함이었다.

#집에우산많은데#잘못사도괜찮아

#너오늘생일이야 #무채색삶이라고생각했지만

안 할 이유도 없는데 그게 뭐라고 그 이유를 찾지 못하면 그냥 한다.

#김연아선수의 그냥 한다는 말처럼

PART 2

가슴으로 낳은 딸들에게

20살의 나이는 무적이며 최고의 경쟁력이다.

1. 부동산은 살아가면서 피할 수 없다

봄은 벚꽃 임장의 계절이다. 벚꽃 명소=투자 급소 여름에는 물놀이터를 살펴보자. 가을은 독서와 임장철 겨울은 학군지를 보자.

우리는 달팽이가 아니므로 살 집은 꼭 필요하다.

2. 호기심을 따라가자

세상을 호기심의 눈으로 바라보자. 뉴턴이 사과가 떨어지는 것을 보고 만유인력의 법칙을 발견한 것, 아르키메데스가 목욕물이 넘치는 것을 발견한 것은 우연이 아니라 몰입의 결과이다. 아는만큼 보이고 호기심을 가진 만큼 알게된다. 남자친구의 마음이 궁금하듯 세상에 대한 호기심을 펼쳐라.

3. 독서의 효능을 만끽하자
1) 안티에이징효과 동안을 유지하는 비결이 된다.

가속성으로 인해 늙지 않는다. 부자의 뇌를 장착하면 세상은 달리 보인다. 아는 만큼 보이는 세상은 반짝반짝 빛이난다. 회복탄력성

공부는 일종의 보험이자 가장 확실한 투자다. 공부는 하면 할수록 우리의 뇌를 활성화된다. 해마의 신경세포가 증식하기 때문이다. 새로운 신경세포는 노화를 방지하고 젊음과 건강을 유지하게 해준다.

운명은 바꿀 수 있을까, 아니면 정해져 있을까? [07]

운명은 이미 정해져 있음 (결정론적 관점)

- 철학적 근거
  인과론: 모든 사건에는 원인이 있고, 그 원인이 또 이전 원인의 결과이다.
  운명론: 인간은 자신에게 주어진 길을 벗어날 수 없다.

- 과학적 근거
  유전학: 타고난 유전적 소질이 성격, 행동 등을 좌우한다.
  물리학적 결정론: 초기 조건을 알면 미래를 예측하는 것이 가능하다.

운명은 바꿀 수 있음 (자유의지적 관점)

- 철학적 근거
  자유의지론: 인간의 결정에는 외부 요인으로 환원되지 않는 자율성이 있다.
  실존주의: 선택이 곧 본인을 만든다.

- 과학적 근거
  양자역학의 불확정성: 미래는 절대적으로 결정되지 않는다.
  신경 가소성: 사람의 경험, 반복으로 뇌 구조와 활동 패턴도 바뀐다.

운명은 바꿀 수 있을까, 아니면 정해져 있을까? [08]

중간 관점론 (상호작용론)

- 어떤 조건은 정해져 있지만, 그 안에서의 선택은 우리에게 달려있다.

예시) 유전자와 환경은 스타트라인을 제공하지만, 노력, 선택, 만남 등이 경로를 바꾼다.
→ 부모를 선택할 수는 없지만, 삶의 방향을 선택할 수는 있다.

- 이 관점이 현대 심리학과 사회학에서 가장 현실적이라고 여겨진다.

2) 우울증약이다. 건강한 삶을 위해 운동을 하듯이 마음 체력을 위해 독서 근육을 장착하자. 하루 한권의 책을 읽기 시작하면서 세상의 지식을 스펀지처럼 빨아들이게 되었다. 1^{book} 1^{action} 책 한 권을 읽으면 에빙하우스의 망각곡선에 의해 다 기억하지 못하므로 1가지만 골라 실천하자.

4. 운동은 기본이다

20대에 운동에 투자하는 것을 아끼지 말자. 미래의 나에게 보내는 최고의 선택이다. 노년에 병원비보다 훨씬 절약하는 방법이 된다.

5. 시간의 복리에 투자하자

뭐든 일찍 시작하는 것이 장땡이다.

청년 혜택이 너무 많다. 눈먼 돈은 줍는 사람이 임자다. 정부의 혜택을 누려보자. 우선 청약 통장을 만들고 청년 주택, 학자금 대출 공모전 최대한 다 해보자. 기회는 준비된 자에게 온다. 기회를 볼 수 있는 눈, 촉, 감을 키우자.

6. 1억을 모아보자

뇌과학 분야에서는 뇌의 보상체계와 관련된 도파민이라는

중추 신경계의 신경전달물질이 작용해 이루어진다. 보상체계는 학습과 습관 형성에 매우 중요한 역할을 한다. 예를 들어 구체적 보상은 '운동하고 치킨먹어야지' 같은 보상을 예측하면 현재 하는 일을 더 열심히 할 수 있게 된다. 돈은 뇌과학에서 추상적 보상으로 분류된다. 사회적 평판이나 타인에게서 받는 인정 등의 평가도 마찬가지다. 인간은 돈이라는 추상적 가치를 추구하고 학습하며 진화해 왔다. 1억을 모으는 순간 달라져 있는 자신을 발견하게 될것이다.

7. 고등학교에서 대학교 또는 성인으로 이어지는 교육도 필요하지 않을까?

유초 이음교육은 유치원과 초등학교가 상호존중과 협력을 바탕으로 교육과정을 연계하여, 유아의 경험과 배움이 단절되지 않고 자연스럽게 초등학교로 이어지도록 돕는 교육

방식입니다. 유초이음 교육은 학부모에게 필요한 것이다.

청성이음 교육은 청소년기 후반(고등학생)이 성인기 초입(대학생, 사회초년생 등)으로 이행하는 과도기에 필요한 역량, 진로 설계, 사회 적응력, 자기주도성등을 체계적으로 기를 수 있도록 설계된 연계·전환형 교육 모델입니다. 청소년기(청)와 성인기(성)를 '이음'하여, 심리적·사회적 전환을 부드럽게 돕는 교육이며 청소년 당사자에게 필요하다.

청성이음 교육모델(Youth-to-Adult Bridging Education Model)은 아직 우리나라에 없지만 외국의 갭이어처럼 자신만의 시간을 가지면서 진로를 찾아오는 것도 좋은 방법이다.

8. 내 삶을 아웃소싱 하자.

선택과 집중. 잘할 수 있는 것만 파고 나머지는 자본의 힘을 빌리자. 학원과 과외도 직접 공부하고 자료를 찾는 시간을 아껴줄 수 있다. 사람의 에너지에는 한계가 있다. 모든 것을 잘 할 수는 없으므로 전문가 집단 지성의 힘을 빌리면 에너지와 시간을 아낄 수 있다.

#레버리지#롭무어#아웃소싱#추월공식

레버리지 철학을 당신의 철학으로 만들어라 비 무리를 따라가지 마라. 더 짧은 시간에 더 많은 일을 처리하고 치가 낮은 모든 일을 아웃소싱하고 당신의 이상적인 라이프스타일을 창출하는 레버리지 철학을 가지고 당신의 방식대로 당신의 의도대로 계획에 따라 삶을 살아가라.

단순 작업과 시간 낭비를 철저하게 배제해야 한다. 그때부터 레버리지는 시작된다. 레버리지하는 삶 아웃소싱이 나의 꿈이다.

패션의 완성은 얼굴이듯이 부의 완성은 내면이다. 명품을 사는 것이 아니라 본인이 명품 한정판이 되면 된다.

내면의 아우라를 뿜뿜하자.

세상사가 다 그렇듯이 부동산 시장도 내가 알고 공부한 만큼 제대로 보이기 마련이다. 모르면 고정관념에 사로 잡혀서 포기할 수 밖에 없다. 투자의 시야를 전국으로 넓히면 투자금 몇천만 원으로 노려볼만한 물건들이 정말 많다. 그렇다면 이 중에서 옥석을 골라내는 안목이 있어야 한다.

패션의 완성은 얼굴이듯이
부의 완성은 내면이다

고정관념을 바꾸는 것도 필요하다. 집을 사면 꼭 그 집에 들어가서 살아야 한다고 생각하는 사람이 많다.

〈내가 신청한 희망도서〉

#자본심 돈이 있어야 자존심도 지킬 수 있다.

〈소소하지만 중요한 부자되는 습관〉

1) 많이 읽어라   2) 일기를 써라

3) 틈틈이 걸어라   4) 정리 정돈을 습관화하라

5) 남 탓하지 말아라   6) 밥을 사라

#내인생 5년 후

나쁘지 않은 인생의 끝은 결국 나쁘다. 공부를 잘하니 나쁘지 않을 것이다. 대기업에 다니고 있으니 나쁘지 않을 것이

다. 취업만 되면 나쁘지 않을 것이다. 나만은 예외일 것이라는 믿음은 정확한 예측이 아니라 공상과 망상만을 불러올 뿐이다. 안될 일은 하늘이 두 쪽 나도 안 된다.

- 미켈란젤로 시스티나 성당 벽화 5년
- 셰익스피어 4대 비극을 완성하는 데 5년
- 콜럼부스 신대륙 5년
- 김연아 첫 우승에서 올림픽 금메달까지 5년
- 사법시험 평균 준비기간 4.7년
- 창업 후 성공적으로 진입 5년
- 정약용 라이트 형제

#정선근교수#정선근#서울대정선근

책은 대부분 빌려보지만 소장가치가 있는건 산다. 이 책은 두고두고 보면서 운동하려고 아플때마다 꺼내본다. 강추!! 집집마다 상비약처럼 있어야한다. 여기저기 아파오는 나이가 되고부터는 건강의 소중함은 정말 피부로 와닿는다. 트랙을 밤마다 좀비처럼 걷는 사람들이 왜 그러나 그랬는데 살기위해서 그랬다는 걸 안다.

책은 정말 가성비의 끝판왕인듯… 책을 읽다보면 저자가 궁금해진다. 그래서 수많은 저자특강 기회가 있으면 다녔다. 한권의 책에는 그 사람의 인생이 녹아있는 것이니까… 제목과 목차가 책쓰기의 전부다. 성공해서 책을 쓰는 것이 아니라 책을 써야 성공한다. 자기계발의 끝판왕은 책쓰기다. 책을 읽으면 행동의 기준이 생긴다. 기준이 생기면 행동에 나설 용기가 생긴다. 알고는 있지만 행동으로 옮기지 못한다면 책을 좀더 열정적으로 읽어보라. 어느순간 행동하고 있는 자신을 발견하게 될 것이다. (책 읽고 매출의 신이 되다)

책은 갖고 싶은 명함^^